www.united-pc.eu

WENDELIN TEICHMANN

ENDLICH HERAUS AUS DER SACKGASSE

KRITISCHE SONETTE

ZU UNSERER ZEIT UND VERGANGENHEIT

(MIT EINEM ANHANG)

Dieses Buch widme ich meinem Vater
Rudolf Teichmann, dem Vermittler
grundlegender Einsichten.

INHALT

Vorwort

Das Dichten in der Sprachkunst heißt ja auch Verdichten. Lässt sich nun aber ein Buch von 540 Seiten inhaltlich-gehaltlich auf 60 Seiten komprimieren? Wohl nicht? Doch, es geht. Der vorliegende Band ist das Ergebnis eines solchen Vorgangs. Damit hat es seine eigene Bewandtnis, die ich kurz erklären muss.

Die Kerngedanken meines Buches „Totaliter Aliter (Völlig anders)"* wollte ich anfangs in der Form des Sonetts darstellen, dieser Sonderform aus zwei Vierzeilern und zwei Dreizeilern (oder, nach Shakespeare, aus drei Vierzeilern und einem Zweizeiler), die einen strengen Aufbau erfordert. Das war aber nicht machbar, da die Fülle der Gedanken und Daten noch nicht artikuliert war. In diesem Sachbuch geht es um meine Zeitkritik und das Aufsuchen der Ursachen in unserer Gegenwart und Vergangenheit; es ist 2010 erschienen.

Vor kurzem berichtete ich davon einem mir bekannten emeritierten Germanisten, und der forderte mich daraufhin eindringlich auf, das Projekt durchzuführen, mein Seniorenalter sei doch kein Hinderungsgrund dafür. Ich nahm die Herausforderung an, und siehe da, innerhalb von weniger als zwei Monaten im Spätherbst 2013 waren 60 Sonette entstanden.

Das wurde natürlich nur durch das Absehen von zahlreichen Details möglich. Was dort ausführlich dargelegt und begründet wurde, das konnte hier allein als „Setzung" gebracht werden, und so müsste jemand, der es „genau wissen" will, schon das Sachbuch zur Hand nehmen. Auch in diesem versuche ich stets das „Denkfühlen" zu vermitteln, das zur Ganzheitlichkeit des Menschen gehört oder gehören sollte. Das Sonett sucht als eine Gedichtform nun allerdings auch ständig das dichterische Bild und damit einen sehr stark ausgeprägten anschaulich-emotionalen Stil, sodass der Zugang zur Thematik doch ein anderer ist. So hat der Gedichtband sein eigenes Recht, kann aber doch als Wegweiser zu dem Sachbuch dienen.

Darum hoffe ich auf günstige Leser für die Sonette, wie sie der andere Band schon gefunden hat.

Zu danken habe ich meinem Freund Rudi Schnasse und seiner Frau Susan in St. Paul/Minnesota für das engagierte Lektorieren des Buches.

Anmerkungen zu den Sonetten finden sich im Anhang, im Text gekennzeichnet durch Hochzahlen.

Landolfshausen, den 15. März 2014

*Totaliter Aliter (Völlig anders) Außenseiterbriefe –
(Versuch einer alternativen Geistesgeschichte in Beispielen als Zeitkritik)*

MOTTO
Die Auskunft

Zwei alte Mönche,
Freunde lange schon,
unterhielten sich oft
in ernstem Ton;
die vieljährigen Gottesrufer
interessierten sich
für das „andere Ufer".
Zuletzt gaben sie
einander das Wort,
dass, wer sich zuerst
hier mache fort,
dem anderen gebe Kunde.
Bald schlug nun
des einen Stunde,
auf Erden zurück
der andere blieb
und hatte mit Lauschen
lange kein Glück.
Doch eines Nachts
hörte vom Bruder
er einen Satz,
das war ein wahrhaft
unschätzbarer Schatz,
zwei Worte nur,
nicht sauer, nicht süß,
nicht milde, nicht bitter –
sie lauteten:
TOTALITER ALITER.

(Nach einer alten Legende)

Erstes Buch:
Bedenkliche Symptome der Gegenwart

Zur Sinnkrise

Der Sinn der Werte scheint sich aufzulösen:
Sinnkrise heißt das neue harte Wort,
und was den Menschen einst ein Halt gewesen,
das liegt in Trümmern, ist bald fort.

Konsum und Happening: an erster Stelle,
wird die Natur dadurch auch fast zerstört,
und übergroß steht drohend auf der Schwelle
das Ego, das sich selbst nur etwas wert.

Distanz und Scham lässt es nicht mehr erkennen,
Verbindlichkeit und Pflicht sind ihm fatal,
muss es mit andern doch stets um die Wette rennen.

Materiell ward Sein und Leben ihm total
und alles andere davon zu trennen,
weil auszurechnen nicht in Kapital.

Von der Oberflächlichkeit

Der Mensch der zweiten Dimension –
er leugnet seine eigne Geistestiefe,
spricht allem Überwesen ständig Hohn,
als ob sein bessres Ich ihm nicht doch riefe.

Für Überwelten fehlt ihm die Frequenz,
sein Inneres erweist sich dadurch hohl,
auffüllen muss er's durch die Opulenz
der Medienwelten aufs Geratewohl.

Was ihm die Wissenschaften angeboten,
reicht nicht, den ganzen Kosmos auszuloten,
Verzicht tut er auf allerhöchstes Gut.

Unwissend handelt er aus Übermut,
beschreitet nicht die goldnen Brücken.
Wie soll ein volles Leben da ihm glücken?

Von der Säkularisierung

Notwendig hat sich säkularisiert
die Neuzeit bald von alten Mächten,
damit jedoch zugleich auch torpediert,
was besser blieb´in angestammten Rechten.

Das Stoffliche: dem Denker galt es jetzt allein,
darüber war an gar nichts mehr zu glauben,
zusammen schlug er´s große Übersein
zum Nichts, den Menschen dadurch zu berauben.

Der alten Lehre fehlte schon die Brücke
vom toten Lehm zur Seelenewigkeit,
die ontologisch ungeschlossne Lücke.

Nun gab´s das Nichts nach unsrer Erdenzeit,
das Sein als Ganzes fiel in tausend Stücke
und alles Wesen in die Nichtigkeit.[1]

Zweites Buch: Neubesinnung aus der christlichen Antike

IV

Christliche Gegenzeugen

Durch der Alten Kirche Dauerirren,
die die Glaubensfreiheit hat gestört,
ließ die Jesuswahrheit sich verwirren,
doch es hat so manchen Geist betört.

Andre ließ man lange unterdrücken,
so Origenes, den ersten hellen Geist,
seiner eigenen Epoche Hochentzücken,
den, verdammt, man später nicht mehr preist.

Nachgefolgt sind stets ihm große Geister:
Arianus, Wulfila und Eckehard der Meister,
Jakob Böhm und Angelus Silesius,

und, als Nichtchrist stets verdächtigt,
doch vom Geist des Griechen übermächtigt,
Goethe im Faust II am Schluss.[2]

V

Vamur: Gott – bipolar

„Gottvater" war Gott lange Zeit,
erschien den Menschen nur als maskulin,
Ursache aller Männerherrlichkeit,
nichts deutete auf ihn als feminin.

Er zürnte, wie ein Menschenvater tat,
und wollte seiner Menschenkinder Wohl,
diktierte selber seinen guten Rat,
dem jedermann gehorsam folgen soll.

Die Weisheit aber, ursprungs schon sehr klug,
entdeckte andre Züge noch an Gott,
das Väterliche war an ihm ihr nicht genug:

Auch Mutter war Er, schloss Sie in sich ein,
Gleichrangigkeit war ihr Gebot
und Urquell dann für alles andre Sein.

VI

Vamurs Allzeugung

„Vater und Mutter" heißt „Frau und Mann":
Gottes Wahrheit ist nicht mehr zu beugen,
was sein Leben je aus Ihm gewann,
das entstand durch lichtes Zeugen.

Denn der „Herr" saß nicht als Schöpfer
vor dem Nichts, aus dem er schuf
mit dem Lehm, so wie ein Töpfer,
handzuwerken war nicht sein Beruf;

zeugte bipolar aus sich die Wesen,
die sich weltenweit zusehends emaniert,
an den Stufenhierarchien abzulesen.

Liebe hat das ganze All geboren,
noch in ihm sich ständig expandiert,
und kein Wesen geht in ihm verloren.[3]

VII

Der duale Mensch

VAMUR zeugte auch die Ewigseele
aller Menschen aus sich bipolar,
ursprungs ohne Makel, ohne Fehle
wie bereits Origenes erkennbar war.

Jeder Geistesmensch war männlich-weiblich,
wusste in der Gottheit sich dual,
war, von ihr erfüllt, auch selber herrlich,
das Geschenkte seine eigne Wahl,

saß am Tisch der höchsten Majestät
vorgeburtlich ewiglange existent,
hatte Teil an ihrem Regiment.

So entstand im Geist die zweite Trinität:
„Mann und Weib und Weib und Mann"
gottverschmolzen ewig dann.[4]

VIII

„Sündenfall" und „Verlorener Sohn"

Die Sündenfallsage bedurfte der Korrektur:
Erkenntnisstreben kann doch nicht sündhaft sein,
und Jesus legte selbst eine andere Spur –
ein ganz neues Gleichnis führte er ein:

Der „Mensch beim Vater" strebte nach Freiheit,
wollte sich seines guten Urstands begeben,
da löste er die innre triadische Einheit
und geriet auf Erden in ein elendes Leben.

Durch Not von selbst zur Einsicht gekommen,
kehrte er um, vom Vater gern aufgenommen,
gefeiert wurde mit allen das neu-alte Glück.

So lebt der Geistmensch anfangs präexistent,
auf Erden aber vom Ursprung doppelt getrennt –
nach der Heimkehr fehlt ontologisch kein Stück.[5]

IX

„Abfall" und „Heimkehr"

Adam wollte seinen Urstand fliehen,
Außenwelten hatten ihn verführt,
Gott ließ ihn bewusst in Freiheit ziehen,
von dem Abfall innerlich berührt.

Seine Freiheit schmeckte bald ihm bitter,
die den Menschen mächtig angelockt
und durch Lebensstürme und –gewitter
an die Erdensphäre angedockt.

Erdendasein hat schon bald ein Ende,
auf tut sich ein weites Abschiedstor,
seines eignen Lebens letzte Wende.

Seinen Rückweg sieht er lang sich dehnen,
doch die Liebe Gottes selbst zieht ihn empor
und erfüllt zuletzt sein tiefstes Einheitssehnen.[6]

X

Kein Zorn, kein Opfer

Gott ist Feuer, Liebe, Licht und Gnade,
zürnen kann er seinen Kindern nicht,
hilft nur, dass sich keiner selber schade,
darum braucht er dafür kein Gericht.

Opfer auch sind immer ihm verdächtig,
kennt er selber doch kein Rachgefühl,
Menschenphantasien sind zu mächtig,
denen Isaak zuerst zum Opfer fiel.

Abraham nur sollte Ihm ihn weihen,
da man Gott ja stets das Liebste gibt,
doch der Irrtum ist dem Vater zu verzeihen.

Niemals kann die Liebe das zerstören,
was sie selbst am allermeisten liebt –
so nur kann sie sich vor sich bewähren.[7]

Priester nach der Ordnung Melchisedeks

Gottes Töchter und auch seine Söhne
gaben ihre erste Bindung auf,
fielen aus des Paradieses Schöne
unter Trennung in den Erdenlauf.

Göttliches Erbarmen hat sie stets begleitet
trotz des Falles aus dem höchsten Heil,
Menschen hat als Helfer Gott bereitet,
retteten der Menschheit besten Teil.

Melchisedek schuf den Priesterorden,
Abraham hat auch ihm angehört,
Jesus ist der Höchste dann geworden,

denn er war an Liebeskraft der Größte,
der dem Fürsten dieser Welt gewehrt,
alle Menschen durch sein Werk erlöste.[8]

XII

Die wahre Wiedergeburt

Des Menschen „Sündenfall" ist eine Flucht
fort aus dem Stammland seiner ersten Welt,
der Drang nach außen wird zu einer Sucht,
die ihn nicht mehr bei seinem Vater hält.

Den er wie sein Dual in sich einst trug,
der fehlt ihm jetzt auf seinem äußern Weg,
was er erreicht, das ist ihm nie genug,
und alle Harmonien klingen schräg.

Doch darf er trotzdem immer weiter hoffen,
hört er nur still und tief in sich hinein,
und kehrt er um – der Rückweg steht ihm offen.

Mit Fassung trägt er dann den Lebensschmerz,
denn ihn erfüllt ein überirdisch heller Schein –
zur Weihnachtskrippe wird sein wehes Herz.

Jesu Geistlehre

Wer hat in alter Zeit und wie die Schrift gelesen?
„Gott ist Geist", da braucht´s ihn doppelt nicht;
ER ist in sich schon immer eins gewesen,
zwar bipolar, doch trinitär in andrer Sicht.

ER ist im LICHT, das sich als WORT gesprochen,
aus GEIST und WASSER göttliche Geburt,
ist zeugend selber dann ins All gebrochen,
wo er der LIEBE weite Wege spurt.

Die Menschen alle selbst dem Geist entstammen,
das Seelenfünklein glimmt in ihnen drin
und soll in Liebe geistig sich entflanmmen.

Dann dürfen sie vor ihren Schöpfer treten,
die Seligkeit wird ihnen bleibender Gewinn –
im Geiste sollen nur sie GOTT anbeten.[9]

Gottes Allmacht

Entließ einst Gott doch den verlornen Sohn
ins freie, von ihm selbst bestimmte Leben,
so hatte ER zu einem Teile schon
sich seiner eignen Allmacht gleich begeben.

Auch die LIEBE, die er ist, hat ihn beschränkt,
weil er nichts gegen diese wirken kann,
nur was vom Gegensein ihn eingeengt,
belegt mit aller Macht er hart mit Bann.

Da sich der Gegner gegen ihn empört,
verwirklicht Gott kein Ziel und keinen Zweck
gemäß der Absicht rein und ungestört.

Drum bitten wir im Vaterunser unverwehrt,
dass seinen Willen er in unserm Reich erweck´
und diese dritte Bitte immerzu erhört.[10]

XV

Mensch Jesus

O Bruder MENSCH, der du wie wir gefallen,
doch vorgeburtlich neu schon gottgeeint,
bis heute deine Worte herrlich widerhallen,
die Mensch und Gott versöhnend sind gemeint;

du richtest nicht, weil Gott nicht richtet,
und lädtst die Sünder alle zu dir ein,
die alten Lehren hast du streng gesichtet,
du bringst das WORT, doch willst es selbst nicht
                                        sein.

Verlorne Schafe holst du endlich wieder,
ein Priester Melchisedeks an des Gottes Hütte,
und kniest mit uns vorm Vater betend nieder.

Dein letztes Wort – ein strahlend heller Schein:
„Dem Feind vergib, o Vater!" heißt die Bitte.
Kann je ein Mensch im Lieben größer sein?[11]

Jesu Begleiter

Patin, Pate sollen uns geleiten,
treten wir in dieses Erdenleben –
soll geschützt nicht gleichfalls schreiten,
der den schwersten Schatz muss heben?

An der Krippe standen fremde Weise,
hielten Wache in der hohen Nacht,
öffneten des Heiles Himmelskreise,
als es Jesus wurde überbracht

in der Stunde heiligster Verklärung,
und bezeugten auch das leere Grab
nach des Meisters tödlicher Bewährung.

Danach war das Geistesfeld bereinigt,
alle hielten sie den Priesterstab,
mit dem Größten Liebenden vereinigt.[12]

Die kleinste Gemeinde

Jedes Schaf, das einzeln sich verirrte,
wird vom Schäfer immer doch geborgen,
ebenfalls tut so der Gute Hirte,
jede Einzelseele zu umsorgen.

Will den Höhenweg gewiss sie finden,
wird der Hohe Helfer sie beschützen;
und dabei sich andern zu verbinden,
kann der Wanderschaft nur nützen.

Doch wo zweie, dreie sich vereinen,
da nur werden Hilfe sie erfahren,
wird sie jedem innerlich erscheinen.

So bedarf es einer größern Anzahl nie,
auch nicht Gläubigen in großen Scharen,
einer machtbewussten Hierarchie.[13]

Des Paulus Lehre

Das „Hohelied der Liebe" ist verblieben
von Paulus uns als seine Religion,
und hat er es nicht selber aufgeschrieben,
erhielt sich mündlich seine Tradition.

Denn vor Damaskus hatt´er sie empfangen,
umstrahlt von einem heiligen Gesicht,
und trug sie immer weiter voll Verlangen,
genährt von seines Mittlers hellem Licht.

Doch bald schon wurde gänzlich sie vergessen,
Verketzerung erwuchs und blinder Hass,
im Richten anderer zu sehr vermessen.

Verketzernd sprachen viele rechtversessen
und schufen sich ein neues böses Maß,
und dienten nur noch eignen Interessen.[14]

Von Origenes 1: Der rechte Weg

Alles, was bisher sich hier gefunden
und in diesen Zeilen, seiner sicher, steht,
durfte schon Origenes bekunden,
von dem allerreinsten Licht durchweht:

Gott ist Geist, die höchste Form des Seins,
und aus ihm geworden immer alles,
seine Güte und Gerechtigkeit sind eins,
auch als Duldung unsres tiefen Falles.

Aus dem Urstand freiwillig gegangen,
glimmt in uns der Gottesfunke noch,
lässt uns bald danach zurückverlangen.

Gottfern müssen unser Dasein wir gestalten,
aber einen treuen Mittler gibt es doch –
Jesus will uns auf dem rechten Wege halten.[15]

Von Origenes 2: Der Kampf der Geister

Welchen Lebensweg wir auch erwählen,
richten auf ein wesentliches Ziel,
immer wieder müssen wir hier fehlen,
bleiben schuldfrei nicht im Lebensspiel.

Eine Seele wirkt nach außen, eine innen –
„zwei Seelen, ach, in meiner Brust" –
wer kann selber leichthin hier gewinnen
zwischen gutem Werk und arger Lust?

„Böse Geister" wollen uns versuchen,
ab uns ziehn von unserm Weg zu Gott,
„gute", wenn sie dürften, sie verfluchen.

„Gute" sind bestrebt, mit Kraft zu hindern,
was uns dauernd brächte groß in Not –
die Versuchungen gewiss zu mindern.

Von Origenes 3: Die unsichtbare Welt

„Die sichtbare und unsichtbare Welt" –
was fassbar ist und was erfühlbar nur,
dem Westen nach Nicäa ist verstellt
der freie Blick ins Mehr-als-Allnatur.

Die Menschheit, urgezeugt präexistent,
besang der Gottheit lichte Herrlichkeit,
eh'sich ein Teil freiwillig dann getrennt'
und fiel in gottesferne „Raum und Zeit".

Nichts weiß der Mensch von hohen Engelfürsten,
von heiligen Gewalten, seligen Thronen,
und nährt in seinem Frust die Hiobsidee.

Im Unbehausten muss er lange wohnen,
nach Licht und Gnade soll ihn wieder dürsten.
Nicht tröstet ihn die Frage der Theodizee.[16]

Von Origenes 4: Seine Wahrheiten, sein Rat

Origenes wollte die Kirche bewahren
vor Wegen, die gewiss in die Irre gehn,
sah in der Bischofskirche viele Gefahren,
sie sollte als Staatskirche nie entstehn.

Am Opfermahle fand er keinen Ruhm,
auch störte ihn die neue Trinität,
er lehnte ab das Opferpriestertum,
das zwischen Gott und seinen Kindern steht.

Erwachsne solle man nur kurz belehren,
Selbständigkeit im Glauben war sein Ziel,
dass sie ergriffen Gottes Wahrheit ehren.

In Jesus sah er „nur" ein göttlich´ Wesen,
dem jede Selbsterhöhung stets missfiel,
zum höchsten Boten Gottes auserlesen.[17]

Gläubige Schlussfolgerung

Jeder ist sein eigner Priester,
steht vor seinem Heiligtum,
vor dem Hohen Bilde ist er –
beichtend, betend – stumm.

Doch im öffentlichen Tempel
macht er glaubend sich bekannt,
tief geprägt vom heilgen Stempel,
stärkt den Glauben im Verband.

Dennoch ist er hier verbunden
nur der eignen Gottheit Bild,
das er in sich selbst gefunden;

fremde Bilder überwunden,
stimmt's ihn gegen andre mild,
teilend ihre Weihestunden.[18]

DRITTES BUCH:
DIE OFFIZIELLE ALTKIRCHLICHE LINIE

Grossgemeinde und mehr

Regieren wollt´die Kirche auf der Erde
und schuf dafür den breiten Mittelweg,
gemessen sollte gehn die große Herde
und niemals außerhalb von dem Geheg.

Dazu braucht's Hütehelfer und Bewacher,
die frommen Denker bauten das Gerüst,
um Macht und Ämter gab es ein Geschacher,
wie´s weltlichem Agieren eigen ist.

Anstatt Kleingruppen duldsam zu vernetzen –
sie würden Einzelseelen stets gerecht –
galt´s Dogmen, Regeln herrisch umzusetzen.

Die Großgebilde stets verlachten
ein eignes Suchen, machten´s schlecht,
ganz ohne ihres Meisters Worte noch zu achten.

Erwartete Entwicklung

Was Origenes vorausgesehen
für der Kirche Zukunftsweg,
das war alsobald geschehen,
lag mit Jesu Lehre schräg;

denn er ward zum Gott erhoben,
die „Sophia" maskulin gedreht,
Geistesrelationen so verschoben
für die postulierte Trinität.

Heide Konstantin ließ das fixieren,
weil's im Reichsintresse war,
Justinian eliminieren
letzte arianische „Gefahr".

Wär' das Mittelalter dunkel je zu nennen,
hier schon müsste sich's dazu bekennen.[19]

XXVI

„Kirchenväter"

Nicht nur Kaiser waren solche Oberherren,
die den Glauben instrumentalisiert,
Kirchenfürsten wollten dem sich sperren,
was sich eigendeutend exponiert.

„Kirchenväter" waren sie zu nennen;
Hieronymus hat´s Hiob-Buch manipuliert,
mit Anastasius ließ er Bücher verbrennen,
des Origenes selbe, oder von ihm inspiriert.

Augustinus lehrte die „Prädestination",
die kaum einer Seele Erlösung gewährt,
gestützt dann von Anselms „Satisfaktion":

Der Menschen Tod bringe „Genugtuung" nicht
dem beleidigten Gott, der seine Liebe verkehrt:
Den „Gottessohn" unterwirft er seinem Gericht.[20]

„Heilige" Kreuzzüge

Religion plus Geld plus Macht
führten immer zum Verderben,
haben Unheil stets gebracht,
ließen kaum noch was zu erben.

Unheilige Allianz
unter einem falschen Zeichen,
blutig war der Mummenschanz,
dadurch gar nichts zu erreichen.

Weltherrschaft ward angestrebt
über Macht und alles Meinen,
und damit auch schon verloren.

Wer sich über sich erhebt,
wird bald allen schwach erscheinen,
kommt davon nicht ungeschoren.[21]

Die Scholastik

Wenn es vor Ideen nur so tropft,
da sich eine Glaubensfrage regt,
der Verstand sie tausendfach zerlegt,
dann ist Religion total verkopft.

Grund sofort den Gegengrund erzeugt,
sauber ganz methodisch angelegt
und in Ordensschulen ausgeprägt,
Feindschaft zwischen ihnen angezeigt.

Schlichter Glaube ist da längst vergessen,
Intellekte kämpfen sehr vermessen,
werden ihres Lebens nicht mehr froh.

Darum spricht der höchste dieser Geister,
Thomas von Aquin, ihr Obermeister,
schließlich: „Stroh ist alles, ist nur Stroh!"[22]

VIERTES BUCH: MITTELALTERLICHE ALTERNATIVEN

Der Andere Weg

Mystisch lebt die Einzelseele,
tritt zu Gott selbst in Bezug,
braucht nicht anderer Befehle,
In-sich-Gehen ist genug.

Denn sie wird ja schon erwartet
an dem Anfang ihres Wegs,
dass mit weiser Hilf´sie startet
aus dem Bann des Zeitgehegs.

Wachen Geistes, gar nicht trunken,
harrt sie, in sich selbst versunken,
dass sich ihre Sonne zeigt.

Meister Eckhart hat´s erwiesen:
Seelenruhe sei gepriesen,
in die sich die Gnade neigt.[23]

XXX

Ein Dritter Weg: Nikolaus von Kues

Rechnen, zählen, wägen, messen,
lauter neue Tätigkeit,
auf die Wirklichkeit versessen
lange vor der Neuen Zeit.

Der Cusanus hat´s betrieben
und erschloss sich so die Welt,
doch ist nicht dabei verblieben,
hat ins Gleichnis sie gestellt.

Was er deutend da gewahrte,
neue Welten ihm erschloss,
trug ihm zu das Offenbarte,
das so viele schon verdross:

Durch der vielen Dinge Zeichen
ließ sich Gottes Sein erreichen.[24]

XXXI

„Verkörperungen"

War das Mittelalter noch so finster
und in viele Dogmen eingeengt,
schuf es gotisch doch so manches Münster,
das sich in die Himmel Gottes drängt.

Eine Hütte Gottes sollte da entstehen,
die der Menschen Seelenraum umbaut,
und das WORT hieß sichtbar sich ergehen,
wenn der Gläubige nach oben schaut.

Doppelt sollte gar es ihm erscheinen,
gab sich tiefergreifend-schlichten Klang
im gregorianischen Gesang.

So ließ sich erneut dem GEIST vereinen,
was zu langewährend schon von ihm getrennt,
in den aufgeschlossnen Seelen wieder brennt.[25]

Fünftes Buch:
Neuzeit — Von der Säkularisierung zur Aufklärung

XXXII

Säkularisierung 1

Alle erste Weisheit wurde offenbart,
zur Wissenschaft dann säkularisiert,
die den Ursprung länger nicht bewahrt;
Welt erforscht sie nun ganz ungeniert.

Immer neue weite Dimensionen
haben sich, geprüft, ihr mitgeteilt,
ließen wache Menschen darin wohnen
unvermittelt, nicht mehr „angeseilt".

Wirklichkeit war endlich so zu fassen
ohne jede Kirchenobrigkeit,
deutlich scheinend über alle Maßen.

Alte Ordnung war nicht mehr zu halten,
nicht die rüde Fürstenherrlichkeit.
Neues musste bleibend sich gestalten.[26]

Säkularisierung 2: Johannes Kepler 1

Kepler, der Cusanus sehr gut kannte,
trieb die neuen Wissenschaften an,
weiterforschend immer darauf brannte,
wie Gestirne man berechnen kann;

glaubte an des fernen Mönches Lehre,
der vor Jahren still sie aufgebracht,
dass die Sonne in der Mitte wäre
und die Erde um sie kreisen macht;

schrieb mit Mut das erste Buch darüber,
wandte schnell die neuen Logarhythmen an,
und berechnete der Sterne Himmelsbahn.

Sonne und Planeten gingen nicht im Kreise,
denn Ellipsenbahnen waren ihr Geleise –
alte Lehren tat er damit in den Bann.[27]

Säkularisierung 3: Kepler 2

Kepler blieb im Vordergründigen nicht stehen
bei der hochgeschätzten Außenwelt,
durfte, tiefer blickend, andres noch erspähen
an dem weitgespannten Himmelszelt.

Sonne und Planeten für ihn standen
als Symbole für die höchste Trinität,
die sich geometrisch-göttlich wiederfanden
in der Kugel: Abbild ihrer Idealität.

Fürs Geglaubte die Naturgesetze finden,
war ihm hehre Astronomenpflicht,
hieß ihn an Exaktheit sich zu binden.

Hatte forschend er sich mit Erfolg betätigt,
waren Wissenschaft und Glaube eine Sicht,
und des Daseins Einheit fand er so bestätigt.

Säkularisierung 4: Francis Bacon 1

Francis Drake befuhr das Meer
ließ das Festland hinter sich.
Solch Beginnen übte sehr
Francis Bacon eindringlich,

räumte die Scholastik ab
auf der Wissenschaften Feld,
Aristoteles hinab
stieß er aus der Überwelt,

wandte sich der Empirie
scharf betrachtend zu,
zog erst daraus Theorie:
Wirklichkeit gab ihm dann Ruh.

So beschränkte er den Horizont
seiner Zeit gewieft gekonnt.[28]

Säkularisierung 5: Bacon 2

Drake, Pirat und Admiral,
scheute niemals ein Gefecht,
andrer Untergang war ihm egal,
und auf See gab es kein Recht.

Francis Bacon wirkte gleich,
nichts galt ihm Autorität,
gründete das Wissensreich
nur auf Rationalität.

„Alles aus den Sinnen kam",
was sich dann im Hirn befand,
Leibniz´Antwort nicht vernahm:
„alles – außer dem Verstand".

So ward alles sensual,
Höherwertiges fatal.[29]

Säkularisierung 6: Bacon 3

Wissenschaft organisieren,
das war Bacons großes Ziel,
Wirklichkeiten einzuführen
wurde neuer Stil,

sollte aller Menschheit nutzen –
was dem aber nicht genügt,
musste er zusammenstutzen,
wurde hart gerügt.

Widerstand hat ihn verwundert,
langsam ginge es voran,
und an Jahren ein Vierhundert
nahm er für den Wandel an.

Aller Wohlfahrt allerenden –
damit erst ließ er´s bewenden.[30]

Säkularisierung 7: Bacon 4

Wissenschaft hat er geplant
für vierhundert Jahre
und damit schon vorgeahnt,
dass uns widerfahre:

Wohlergehn durch Tätigkeit,
Schaffen ohne Ende,
Zeit ist Geld und Geld ist Zeit –
neue Zeitenwende;

Vater ward er der Moderne,
schaute in der Zukunft Ferne,
hat die Weichen früh gestellt,

spürte einen großen Willen,
Spätre sollten ihn erfüllen –
nur ein „Diesseits" blieb die Welt.

Säkularisierung 8: Bacon 5

Wer die alten Götter stürzt,
ohne gleich sie zu ersetzen,
hat das Dasein schlimm verkürzt –
wer soll sowas schätzen?

Was den Sinnen nicht erscheint,
dennoch ist gegeben,
wer das Göttliche verneint,
der verfehlt sein Leben.

Effektiv mag manches sein,
gründend auf Maschinen,
Wesentliches schließt´s nicht ein,
kann dem Geist nicht dienen.

„Nützlichkeit" als letzter Sinn
bringt nicht wirklichen Gewinn.

XL

Säkularisierung 9: Die Deisten 1

Der Kirche Wissensansprüche,
die waren zu halten nicht,
sie zeigten zu viele Brüche
in der Rationalisten Sicht.

Vernunft sollte überall gelten,
selbst für die heilige Schrift,
das konnte die Kirche nur schelten,
weil´s ihren Ursprung betrifft.

Das in der Schrift Offenbarte
geriet zur bloßen Moral,
die nicht ihre Quelle bewahrte,
und wurde vernünftig-banal.

Der Lehre früh´re Verdrehung
bewirkte die neue Verkehrung.[31]

Säkularisierung 10: Die Deisten 2

Alle Religion sei ja „natürlich",
doch die Frage sich erhebt,
ob der Mythos nur figürlich
oder aus der Wahrheit lebt.

Denn in ihm ist, tief verborgen,
erste Weisheit offenbart,
Menschen müssten nur entsorgen,
was darum gesponnen ward.

Wird die „Urheimat" vergessen,
daraus unsre Seele stammt,
bleibt das „Ganze" unvermessen,
das als „Kosmos" sich bekannt.

Wenn beim Diesseitswahn wir es beließen,
könnte sich kein Existenzkreis schließen.[32]

Säkularisierung 11: Die Deisten 3

Bibelkritiker Reimarus
trieb es endlich auf die Spitze,
ernst nahm er der Texte Status,
dann bekämpfte er mit Hitze,

was darinnen er gelesen:
Jesu Botschaft sei politisch,
gar nicht religiös gewesen;
auch die Jünger sah er kritisch:

ihre Botschaft sei erlogen,
weil verfälscht zur Christenlehre,
zu der „Auferstehung" umgebogen.

Selber Christ, rief er so Geister
der Verneinung und der „Leere",
wurde ihrer nicht mehr Meister.[33]

Die Aufklärung

Ein Lob der aufgeklärten Zeit,
dem Feind der dunklen Mächte,
von alten Fesseln sie befreit,
erbracht´ die Menschenrechte.

Sie förderte die Wissenschaft
in allen Wissensreichen,
ermöglichte mit ihrer Kraft,
die Dinge redlich zu vergleichen.

Doch wo viel Licht, auch Schatten fällt,
da gibt es manche dunkle Seiten,
die Kehrseite der hellen Welt:

Unglaube zeigt sich als System
und wird sogleich den Weg bereiten
dem Nichts als neuem Theorem.[34]

Atheismus/Nihilismus

Wem das Stoffliche allein
als das Akzeptable gilt,
anerkennt kein höh´res Sein
als das Urbild für sein Bild,

weiß nicht, was ihn selbst umgrenzt
als der Ursprung alles Seins,
in dem er selbst wieder glänzt
nach dem Rückruf seines Heims.

Einen Sinn erkennt er nirgend,
endlich wird er Nihilist,
sinnlos ist er immer wirkend.

In das Nichts will er eingehen,
der perfekte Pessimist –
dennoch wird es nicht geschehen.[35]

SECHSTES BUCH:
POSITIVE KORREKTUREN

Korrektiv 1: Die Freimaurer

Eine aufgeklärte Runde
formte neue Maurerstücke,
doch zu der geheimen Kunde
gab es keine sichre Brücke.

Dennoch stießen sie auf Zeichen
und ein altes Ritual,
wollten der Räson nicht weichen,
die oft kalt und rein formal.

Selbstbesinnung durch drei Fragen
soll sie auf dem Wege tragen,
bringen sie dem Kosmos nah.

Der Prinzipien sind sieben,
die aus alter Lehre blieben –
aus der weiseren Kabbala.[36]

Korrektiv 2: Die „Grosse Musik"

Wie der GEIST im Mönchsgesang erklungen
und in Kathedralen sich hat ausgedrückt,
so ist durch die Zeiten er gedrungen,
dass es Meistern später auch noch glückt,

das in sich Erfahrne zu gestalten
in der reinen Töne Klanggewalt
und der ganzen Menschheit zu erhalten
durch die Ordnungen der Kunstgestalt:

Ihre Hörer macht sie traurig, heiter, froh,
führt sie in ihr tiefstes Innenreich
und die Seelenheimat selbst zugleich.

Was dem Aug´, dem Hirn sonst ganz verstellt,
Fülle, Freude, Glück der Überwelt,
hier erfühlen sie´s und sprechen: "Es ist so!"[37]

Korrektiv 3: Goethes Weisheit

Ganz der Erde zugewandt,
schaut und fühlt er unsre Welt,
forscht nach dem, was unbekannt,
sie „im Innersten zusammenhält",

häutet, immer liebend, sich,
stete Tätigkeit muss sein,
findet Ehrfurcht dreifältig,
führt ins Überuns hinein,

sieht als Scheitern auch das Streben,
unvermeidbar eigne Schuld,
da noch jeder Mensch hier fiel,

doch bleibt Optimist im Leben
und gewiss der Gnadenhuld:
„Allerlösung" ist das Ziel.[38]

Siebtes Buch:
Varianten moderner Hybris

Gleichheit

Hierarchie ist die Bedingung
der Entwicklung allen Lebens,
ihrer Abschaffung Erzwingung
wär´ das Ende allen Strebens.

Gleiches Recht zu allen Dingen
haben alle Menschenwesen,
Gleichgeformtheit zu erzwingen,
wär´die ärgste aller Thesen.

Gleichbewertung aller Seelen,
die die Gottheit ausgesandt,
kann sie liebend nicht verfehlen.

Doch im Bau der „Kathedrale"
jede anders ist verwandt,
einzig, ohne Gleichheitsmale.[39]

IXL

Ratio

Schuster, bleib´bei deinem Leisten.
und du, Ratio, sei begrenzt
auf das Feld, wo du am meisten
mit der Denkmaschine glänzt.

Wissen logisch aufzubauen
und Gesetze wenden an,
der Physik sich anvertrauen,
das ist, was die Ratio kann.

Doch mit Spott herabzumindern,
was die Psyche sonst erfüllt,
wird die Menschennot nicht lindern.

Affekt, Gefühl, Inspirationen
sind ein eigenes Gebild
und nicht biochemisch zu entthronen.[40]

L

Determiniert?

Von der Umwelt, von den Genen
oder von der Psyche nur
ist der GEIST nicht zu entlehnen,
kommt auf seiner eignen Spur.

Und er findet eine Lücke,
die die Wisenschaft nicht sieht,
schreitet über seine Brücke,
dass die Seele wieder blüht.

Not und Schmerzen reich empfunden,
wird die Seele in sich still,
los lässt sie, schon überwunden

von dem Licht, das, sich entbunden,
aufgenommen werden will.
Tiefstes Glück wird so gefunden.[41]

Absolute Freiheit?

„Alles geht" ist seit Jahrzehnten
die Devise überheblich
derer, die stets überdehnten,
was am Ende allen schädlich.

Alles müsse stets sich wandeln
und der Mensch sei völlig frei,
könne nach Belieben handeln,
wertgebunden nichts mehr sei.

So wird jeder „Egomane",
seines Selbstzwecks nur bewusst,
unter seinem Freiheitswahne
birgt zuletzt sich reine Lust.

Handlungsfreiheit gibt´s allein
mit Humanem im Verein[42]

Der Materialismus und die Folgen

Wer Materie nur sieht,
wird Materialismus züchten,
weil ihn Unsichtbares flieht,
muss ins Stoffliche er flüchten.

Geist und Seele sind geleugnet,
zähl´n zum Reich der Phantasie,
der Verachtung übereignet,
nur ein Ziel für Ironie.

Folglich muss er auch bestreiten,
dass es GOTT DEN HERREN gibt,
will IHM nicht den Weg bereiten

in Erwartung Seines Lichts,
dass sich selbst und alles liebt,
und so bleibt ihm nur – das Nichts.

Weitere Folgen

Von der Liebe abzuschneiden
Sex und seine sanfte Regung,
macht ihn zu den Singlefreuden,
Selbstzweck wird dann die Erregung,

bindungslos auch alle Bindung
an ein Du und neues Leben;
leichtlich lässt sich die Begründung
aus der Selbersucht schon geben.

Treue hat nichts mehr zu sagen,
und Verantwortung fällt aus,
ist kein Grund mehr, sich zu plagen.

Neues soll sich stets ergeben,
füllt das Vakuum nie aus –
so entsteht ein Turboleben.

LIV

Esoterisch?

„Weg nach innen", in den GEIST,
suchten schon die Alten,
hielten ihn geheim zumeist,
Feinde abzuhalten.

Seine Aura jeder hat,
Grenzland zwischen „Außen", „Innen",
Brückenschläge finden statt,
seinen „Rückweg" zu gewinnen.

Ist die „Mitte" unbekannt,
strebt man zu den Rändern,
und schon hat man sich verrannt,
will sein „Außen" ändern.

War das Streben früher mystisch,
wurde es jetzt spiritistisch.[43]

LV

Extremismus

Tief frustriert vom Weltgebaren,
streben viele zu den Rändern,
nicht Gesellschaft zu bewahren,
sondern radikal zu ändern,

setzen dafür auf die „Masse",
deren Los zu bessern ist,
oder aber auf die „Rasse",
nach der alles sich bemisst.

Doch die Welt ist nicht so simpel
und auf eine Größe reduziert,
dass sie jeder schlichte Gimpel
nur mit einem Punkt kuriert.

Und so führt der Denker-Error
ganz direkt zum Täterterror.[44]

Achtes Buch:
Der denkfühlende ganzheitliche Mensch

LVI

Freiheit und Brüderlichkeit

Alle eilen, hetzen, laufen
durch Gebäude, durch die Stadt,
suchen, sichten, wählen, kaufen,
eignes Ziel ein jeder hat.

Doch es gibt noch andre Ziele:
Freiheit führt zur Demokratie,
Brüderlichkeit gegen viele
zu sozialer Empathie.

Aber was ist noch zu schaffen,
sind die Ziele all´ erreicht
und sonst nichts mehr zu erraffen?

„Außen" soll sich einwärts wenden,
dass die Seele werde leicht –
Lebensfülle wird nie enden.

LVII

„Wenn ihr's nicht fühlt ..."

Sinnbereiche sind zu fühlen,
wie der alte Goethe lehrt,
eh´ Gedanken darauf zielen,
und voll Ehrfurcht wird geehrt,

was sich unter uns befindet,
neben uns, darüber auch,
das den Segen stark entbindet,
Lebensdemut wird zum Brauch.

Evident wird dann das Ganze,
das aus einem Ursprung stammt,
uns umfängt mit seinem Glanze,

und das kosmisch-göttlich Wahre,
schauend-fühlend nun erkannt,
ist's geheime Offenbare.[45]

Das neue Höhlengleichnis

In der Iberg-Tropfsteinhöhle,
einst ein steiler Stalagmit,
leuchtet salzkristallne Stele,
ganz geeint dem Stalagtit.

Sinnbild ward mir das der Seele,
nahm das Gleichnis gerne mit –
das das „Unten" sich erwähle,
was es selber überschritt.

Seh´ die Säule ich lebendig,
wird daraus der Weltenbaum,
Lebenssäfte steigen ständig
auf und ab im Seelenraum.

Doch der „Anfang" kam von droben –
„alles Gute kommt von oben".[46]

NEUNTES BUCH: AUSBLICK

LIX

Die Konsequenz

Nach dem Gang durch die Geschichte
prüfen neu wir unsre Zeit
und verändern die Gewichte –
die Erkenntnis liegt bereit.

Wissenschaft soll weiter wirken
auf dem zugewiesnen Feld,
bleibe fern den Geistbezirken,
die ihr gar nicht unterstellt.

Andrerseits: Die Christenlehre
werde frei von alter Mär,
dass zum Glauben fähig werde
jeder ohne viel Beschwer.

Wissenschaft und Glaube könnten wagen,
neues Weltbild nun vereint zu tragen.[47]

LX

Transgression in andre Dimension

Alles Wissen war erst Weisheit,
die das LICHT aus sich gebar,
und es floss in reiner Geistheit,
wurde Menschen offenbar.

Weiter trugen sie das Wissen,
wandelten es in Kultur,
ließen Ehrfurcht nicht vermissen,
dann verlor sich seine Spur.

In der Zeit der Größtgehirne
wähnen die sich ganz befreit,
bräuchten keine Offenbarung.

Kommen wird's zu neuer Paarung
zwischen ihr und unsrer Zeit
unterm Glanz der Geistesfirne.

Anhang

Certo
(Mein Credo)

Ich bin sicher:
GOTT ist EINES im URSEIN,
umfassend
URLICHT, URWORT,
VATER und MUTTER,
ewig zeugend allliebend alles, was ist,
in den Reichen des Geistes,
der ewigen Seele,
der physischen Welt;
durch alle Stufen der Hierarchien,
so sich entfaltend
ins Nichts,
des Bösen Hort.

Sicher bin ich:
Gezeugt sind alle Menschen bipolar,
duale Wesen der Präexistenz,
Teilhaber an Gottes Welt,
dem Reich seiner Allmacht,
aus der sie sich lösten
durch innere Trennung
von ihrem Gott,
fielen, jedes für sich,
aus eigner Entscheidung,
in die physische Welt,
nun geschieden von ihrem Dual.

Ich bin sicher:
Durch diese Urschuld
eingeboren dem Menschentier,
Erdenbürger nun ganz,
verstrickt ins Erdengeschick,

verloren in seine erstrebte Freiheit,
wirkt nach außen und leidet der Mensch,
halb der Geschichte Herr;
der unsichtbaren Welten
und seiner ewigen Herkunft
nicht bewusst,
doch auf dem Wege nach innen,
allein gegangen oder zu zweit, zu dritt,
vermag sein Seelenfünklein
schon aufzuleuchten
im ewigen LICHT.

Sicher bin ich:
Der Wille GOTTES aber gilt
der liebenden Heimholung aller
durch seine Helfer,
die gottgeeinten Hohepriester
nach der Ordnung des Melchisedek,
unter ihnen der an Liebe Reichste –
Jesus von Nazareth,
Bruder Mensch und Gottesbote,
Überwinder der Erdenmächte
durch seinen Liebestod am Kreuz:
Zugang zum Rückweg
schuf und schafft er allen damit,
die die Erde verlassen.

Ich bin sicher:
Mit dem Aufstieg der ewigen Seele
beginnt der Rückweg und das Gericht,
ja, der Rückweg ist das Gericht,
als die Überwindung der vielen Impulse,
die der Mensch auf Erden gesetzt hat,
gute und böse, noch nicht erfüllt und gestillt,
Kinder von Wunsch und Wille,

Tattraum und Glücksbegehren.
Hohe Hilfe hilft zum Ziel.
Keinen Zorn aber kennt der HERR,
und zuletzt nimmt er in Allversöhnung
alle Seelen, dual vereint, liebend wieder auf.

Aus: W. T., Totaliter Aliter (Völlig anders) –
Außenseiterbriefe –
(Versuch einer alternativen Geistesgeschichte in
Beispielen als Zeitkritik).

Anmerkungen

[1] Zu III – Säkularisierung: die Verweltlichung des Lebens, d. h., seit Beginn der Neuzeit.

[2] Zu IV – Arianus, Namengeber des Arianismus (Jesus ist nicht Gott); die wandernden Germanenvölker waren arianisch, vom Gotenbischof Wulfila dazu bekehrt.
Meister Eckehard, Angelus Silesius und Jakob Böhm sind Mystiker.

[3] Zu VI – Emanieren: ergiessen, hervorgehen lassen; Emanation: das Ausfliessen, Hervorgehen alles Seienden

[4] Zu VII – dual (zu duo = zwei): zweifach

[5] Zu VIII – Sündenfall: 1.Mose 3
Gleichnis vom „Verlorenen Sohn": Lk 15,11-32

[6] Zu IX – Urstand (theologisch): die ursprüngliche Teilhabe des Menschen (im Paradies) an der Herrlichkeit Gottes

[7] Zu X – Abraham und Isaak; 1.Mose 22; Abraham soll seinen Sohn Isaak Gott „opfern"; Robert Sträuli sagt „weihen" (in „Origenes der Diamantene")

[8] Zu XI – Melchisedek (König und Priester): 1.Mose 14,17-20; Ps 119,4; Heb 5,6; 7,1-17

[9] Zu XIII – Geist und Wasser: Joh 3,5
„Gott ist Geist": Joh 4,24

[10] Zu XIV – Das Gleichnis vom „Verlorenen Sohn"
(modern: vom „Gütigen Vater"): Lk 15, 11-32

[11] Zu XV – Das letzte Wort Jesu: Lk 23,34

[12] Zu XVI – An der Krippe: Weihnachtsgeschichte
Verklärung Jesu: Mt 17,1-8; Mk 9,2-8; Lk9,28-36
Das leere Grab: Mt 28,1-7

[13] Zu XVII – Das verlorene Schaf: Mt 18,12-14; Lk
15,47
„Wo zwei oder drei versammelt sind in meinem
Namen": Mt 18,20

[14] Zu XVIII – Paulus´ Lehre: 1. Kor 13

[15] Zu IXX – Urstand: die ursprüngliche Teilhabe des
Menschen an Gottes Vollkommenheit vor dem
„Sündenfall"
Origenes (185/85-253/54): erster und
bedeutendster Theologe der christlichen Antike;
seine Lehre fußt auf dem Alten Testament, auf
Paulus und der neuplatonischen Philosophie.

[16] Zu XXI – „Hohe Engelfürsten" etc.: Origenes, zitiert
im 2. Satz der Verdammungsschrift Justinian I. gegen
ihn
Nach Nicäa: Nicänum heißt das allen Kirchen

gemeinsame christliche Glaubensbekenntnis
Hiob meint, er habe ein reines Gewissen, immer alle
Gesetze eingehalten, sei also „gerecht".
Theodizee: die Rechtfertigung Gottes angesichts des
Leides und des Bösen

[17] Zu XXII – Opfermahl: das Abendmahl als Feier des
Opfertodes Jesu
Die neue Trinität (Gott, Sohn und Heiliger Geist: Der
„Spiritus Sanctus" ist im Hebräischen („ruach") und
im Griechischen („sophia") weiblich
Opferpriestertum: Der Opferpriester vollzieht als
einzig Berechtigter das Abendmahl und vermittelt
damit ausschließlich das Heil („nulla salus extra
ecclesiam" = kein Heil außerhalb der Kirche).

[18] Zu XXIII – „Jeder ist sein eigner Priester": Luther
lehrte das „Allgemeine Priestertum".

[19] Zu XXV – „Sophia": die „Weisheit" des Alten
Testaments
Kaiser Konstantin I. war Heide bis zu seiner Taufe
auf dem Sterbebett.
Arius (ein Origenianer): Namengeber des Arianismus
(Jesus ist nicht Gott); die wandernden
Germanenvölker waren arianisch, vom
Gotenbischof Wulfila (einem Origenianer) dazu
bekehrt.
Justinian I. hat nach der Vernichtung der Ostgoten
den Arianismus ausgelöscht.

[20] Zu XXVI – Hieronymus: Hiob 19,25-26; seine
Übersetzung (Jesus als Erlöser; die „fleischliche"

Auferstehung) ist eine Textfälschung im Interesse des kirchlichen Dogmas.
Athanasius: Gegenspieler des Arius und sein Haupt-Verfolger; Begründer der gegenteiligen Lehre (Jesus ist Gott)

[21] Zu XXVII – Kreuzzüge: Fünf Kreuzzüge von 1096 bis 1229, dienten vordergründig der „Befreiung Jerusalems", bedeuteten aber vor allem eine imperialistische Expansion, auch aus wirtschaftlichen Nöten heraus.

[22] Zu XXVIII – Scholastik: wörtlich „Schulwissenschaft"; die ratio-nalistische Theologie der mittelalterlichen Kirche

[23] Zu XXIX – Mystik (i. w. S.): der spirituelle „religiöse Ursinn" des Menschen, aus dem alle Religionen entspringen;
Mystik (i. e. S.): der individuell gesuchte Gottesbezug; ihr „Weg" ist die Versenkung; die Bedeutung von Dogmen, kirchlichen Riten und der Gemeinde treten zurück (Unterscheidung nach Bodenhof)

[24] Zu XXX – Cusanus: Nikolaus von Kues; Kardinal und päpstlicher Diplomat, Mathematiker und „Naturwissenschaftler", Theologe und der „erste deutsche Philosoph"

[25] Zu XXXI – Gregorianisch: der mittelalterliche liturgische Gesang, ursprünglich von den Mönchen einstimmig gesungen

[26] Zu XXXII – Säkularisierung: Verweltlichung (s. o.)

[27] Zu XXXIII – Johannes Kepler: bedeutender Astronom, Mathematiker und Philosoph des frühen 17. Jahrhunderts

[28] Zu XXXV – Francis Drake: Pirat und Admiral der Flotte zur Zeit der Queen Elizabeth I.
Francis Bacon: Philosoph und englischer Staatsmann zur gleichen Zeit (als Lordkanzler gestürzt und verbannt)
Empirie: die (feststellbare) Wirklichkeit

[29] Zu XXXVI – Gottfried Wilhelm Leibniz: bedeutendster deutscher Philosoph der Frühaufklärung (oder des Rationalismus)
Sensual: auf die bloße Sinneswahrnehmung bezogen; die zugehörige Lehre ist der Sensualismus.

[30] Zu XXXVII – Nutzen, nützlich: Bacon gilt als der Begründer des Utilitarismus (Nützlichkeitsdenken)

[31] Zu XL – Deisten (zu „deus", Gott): vertraten die bloß vernünftig begründbare Existenz Gottes.

[32] Zu XLI – Mythos: Erzählung von den Göttern, der Vor- und Urzeit

[33] Zu XLII – Hermann Samuel Reimarus (1694-1768): Hamburger Hebräist und anonymer deistischer Autor

[34] Zu XLIII – Aufklärung: etwa 1720 bis 1800

[35] Zu XLIV – „Das Stoffliche allein": die Materie; wer nur sie gelten lässt, ist ein Materialist.
Nihilismus (zu „nihil" = nichts): Ablehnung allen Sinns, aller Werte, aller Wünschbarkeit überhaupt

[36] Zu XLV – Die drei Fragen der Selbstvervollkommnung: Wer bin ich? Wie stehe ich als Einzelner in meiner Umwelt? Wie bestehe ich meinen Tod?
Es sind die Prinzipien: der Geistigkeit (des Alls), der Entsprechung (von oben und unten), der Schwingung (von allem), der Polarität (von allem), des Rhythmus (von Steigen und Fallen,) der Kausalität (Ursache und Wirkung), des Geschlechts (alles hat männliche und weibliche Elemente)
Kabbala: mittelalterliche religionsphilosophische Geheimlehre des Judentums, seit der Renaissance die europäische Philosophie beeinflussend

[37] Zu XLVI – Die „große Musik":
musikphilosophischer Begriff, nach George Balan und Otto Zcok, meint die Musik von Bach bis Brahms.

„Es ist so!" sagte Theodor W. Adorno nach dem Hören von Sinfonien Beethovens, obwohl er eine „höhere Welt" sonst nicht sehe.

[38] Zu XLVII – Allerlösung: bestimmt das Ende von Faust II, entspricht der „Apokatastasis panton", der „Heimholung (Erlösung) aller" des Origenes.

[39] Zu XLVIII – Freiheit, Gleichheit, Brüderlichkeit: die drei Forderungen der Französischen Revolution

[40] Zu IXL – Ratio: Vernunft, logischer Verstand

[41] Zu L – Determiniert: vorherbestimmt
Die Lücke: Die „fehlende kausale Lücke" der Hirnforschung, nach der angeblich kein Einfluss von außen (Gott) noch von innen (ein freier Willensentschluss des Menschen) möglich ist

[42] Zu LI – „Alles geht": englisch „anything goes"
Egomane: ein nur auf sich selbst bezogener Mensch

[43] Zu LIV – Esoterik: wörtlich der „Weg nach innen", heute aber oft verbunden mit vordergründigen, oft materiellen Zielsetzungen

[44] Zu LV – Extrem: äußerst; bis an die äußerste Grenze gehend; radikal

[45] Zu LVII – Der Titel: Goethezitat aus Faust I; Fortsetzung: "... ihr werdet's nicht erjagen."

[46] Zu LVIII – Stalagmit: aufragender Tropfstein
Stalagtit: hängender Tropfstein, der Mineral-Lieferant

[47] Zu LIX – „Alte Mär": Auf die kirchliche „Reformation" Luthers u.a. muss die textliche „Revision" folgen

Über den Autor

Der Autor, 1934 geboren, ist in Cottbus aufgewachsen. Anfang 1945 wurde er in den Raum Hannover evakuiert, wo er 1949 in Mandelsloh konfirmiert wurde. 1956 machte er Abitur, studierte in Göttingen und Münster Germanistik und Geographie; 1963 trat er in den niedersächsischen Realschuldienst ein, war danach Wissenschaftlicher Assistent an der Pädagogischen Hochschule Göttingen, später Fach- und Pädagogikseminarleiter am Studienseminar ebenda. Er ist verheiratet, hat drei Kinder, zwei Enkelkinder und zwei Urenkel. 1997 ging er in den Ruhestand und veröffentlichte 2010 sein „Totaliter Aliter (Völlig anders) – Außenseiterbriefe – Versuch einer alternativen Geistesgeschichte in Beispielen als Zeitkritik und jüngst noch die „Gedichte eines Wanderers I – III" („Wandererphilosophie", „Durch Raum und Zeit"; „Frühe Saat").[47]

FSC
www.fsc.org
MIX
Papier | Fördert
gute Waldnutzung
FSC® C083411

Zeitfracht Medien GmbH
Ferdinand-Jühlke-Straße 7
99095 Erfurt, Deutschland
produktsicherheit@kolibri360.de